Die schönsten Pflanzen für Bienen & Hummeln

Ursula Kopp

Die schönsten Pflanzen für Bienen & Hummeln

Im Garten & auf dem Balkon

Bassermann

Inhaltsverzeichnis

Erklärung der Symbole für den Porträtteil:

Bienenfreundlichkeit:		2=mittel	3=hoch	4=sehr hoch
Pollengehalt:	1=gering	2=mittel	3=hoch	4=sehr hoch
Nektargehalt:	1=gering,	2=mittel	3=hoch	4=sehr hoch

Lebensraum für
Bienen & Hummeln

Bienen – unverzichtbar für Natur und Ernährung

Mit dem Begriff „Biene" verbinden die meisten Menschen die Honigbiene. Nur wenige wissen, dass es rund 560 „wilde" (nicht domestizierte) Bienenarten in Deutschland gibt, die nur wenigen bekannt sind. Sie werden meist für Honigbienen oder andere Insekten gehalten, wenn man sie als Blütengäste wahrnimmt. Hummeln dagegen kennen die meisten Menschen. Sie gehören auch zu den Wildbienen und bilden einjährige Völker. Die übrigen Arten (zum Beispiel Furchenbiene, Holzbiene, Wollbiene, Seidenbiene, Sandbiene,

Langhornbiene) bleiben oft unauffällig und leben allein (solitär). Jedes Weibchen baut sein eigenes Nest und versorgt den Nachwuchs ohne die Hilfe von Arbeiterinnen.

Alle Bienenarten sind in unseren Ökosystemen und Landschaften unverzichtbar. Mit ihrer Bestäubungsleistung tragen sie – durch den Erhalt und die Erneuerung der Blütenpflanzen sowie den reichlichen Frucht- und Samenansatz der Wild- und Kulturpflanzen als Nahrungsgrundlage vieler Tierarten – maßgeblich zur Erhaltung der biologi-

Honigbiene auf einer Wucherblume

Wildbiene im „Anflug"

schen Vielfalt bei. Allein der Nutzen für die Bestäubung aller der von Honigbienen abhängigen Kulturpflanzen wird auf das 10- bis 15-Fache des direkten Nutzens aus Honig und anderen Bienenprodukten zusammen geschätzt. Nach Rindern und Schweinen ist die Honigbiene somit das wichtigste „Haustier" des Menschen. Durch ihre tägliche Arbeit erhalten wir Obst und andere Feldfrüchte für unsere Ernährung. Aber den Bienen geht es schlecht, die Zahlen sowohl der wildlebenden als auch der domestizierten Bienen gehen zurück – vor allem in Europa und Nordamerika. Forscher nennen für den starken Rückgang der Bienenarten und

-völker folgende Gründe: eine andauernde Stresssituation, verursacht durch:

- den Einsatz verschiedener Pflanzenschutzmittel
- die Belastung durch Parasiten
- fehlende Lebensräume mit geeigneten Blütenpflanzen

Vor allem der Verlust ihres Lebensraums gilt als entscheidende und schon lange bekannte Ursache für das Verschwinden der Wildbienen. Viele der wildlebenden Arten benötigen Baumhöhlen oder Erdlöcher für ihre Nester, dazu eine reichliche Auswahl an für sie passenden Blütenpflanzen in ihrer Umgebung.

Ein naturnaher, vielfältig bepflanzter Garten lockt Bienen an.

Lebensraum Garten

Genau wie die Menschen brauchen auch Bienen Abwechslung, um ihren Nährstoffbedarf zu decken. Unsere Umwelt ist jedoch heute weithin von öden Monokulturen geprägt, welche die Nahrungsansprüche der Bienen und ihrer Verwandten nicht mehr erfüllen. Im Frühjahr ist für sie der Tisch mit Obstblüte, Löwenzahnwiesen und Rapsfeldern noch reichlich gedeckt. Danach aber herrscht im Sommer für die auf Blüten angewiesenen Tiere akuter Nahrungsmangel, weil üppige Blumenwiesen und nahrhafte Kräutersäume

verschwunden sind. Auch viele unserer Gärten zeigen ein ähnlich eintöniges Gesicht, mit gepflegtem „Englischen Rasen", in Form geschnittenen Koniferen und Hecken. Wie lebendig zeigt sich dagegen ein naturnaher Garten mit einer bunten und vielfältigen Pflanzengesellschaft. Er kann den Verlust an Lebensraum zwar nicht ersetzen, aber zumindest mit dazu beitragen, gesichtslose Agrarflächen auszugleichen. Bunte Naturgärten, in denen ruhig etwas Unordnung herrschen darf, sind ein Stück gerettete und selbst geschaffene Natur.

Bienen und Blüten – eine fruchtbare Partnerschaft

Diese Partnerschaft, in der einer auf den anderen angewiesen ist, existiert seit Jahrmillionen. Bienen und Blüten haben sich mehr oder weniger einander angepasst. Damit sich in einer Blüte Samen entwickeln können, muss Blütenstaub der gleichen Pflanzenart auf die Blüte übertragen werden. Ein Samenkorn kann dann reifen, wenn sich das männliche Pollenkorn mit der weiblichen Eizelle vereinigt. Da Pollenkörner völlig unbeweglich sind, muss sich die Blüte Hilfe holen und dafür als Gegenleistung Nektar und Pollen liefern. Sie sondert zucker-, also energieliefernden Nektar ab, an dem viele Tiere interessiert sind, allen voran Honigbienen, Hummeln und die vielen Wildbienen. Bei ihren Sammelflügen landen sie auf den Blütenblättern und saugen den süßen Saft am Blütengrund mit ihrem Rüssel auf. Dabei streifen sie an den Staubblättern vorbei, wobei einzelne Pollenkörnchen am feinen

Im Frühjahr bietet die Apfelblüte ein reiches Nahrungsangebot.

Gartenhummel auf Bienenfreund

Eine Steinhummel „tankt" an einem Fransenenzian.

Bienenpelz hängen bleiben. Den größten Teil des Pollens bürstet die Biene aus ihrem Pelz heraus und trägt ihn als „Höschen" an der Außenseite der Hinterbeine zur Ernährung der Brut und jungen Bienen ins Volk. Es bleiben aber immer noch viele Pollenkörnchen im Pelz haften. Beim Besuch der nächsten Blüte streift die Biene an der Narbe, dem Empfangsorgan für Pollen, vorbei. Einige Pollenkörnchen bleiben an der klebrigen Oberfläche hängen. Sobald sich der Kern des Pollenkorns mit der Eizelle vereinigt hat, ist die Befruchtung vollzogen und der Fortbestand der Pflanze gesichert. Zu den summenden Gästen in unseren Gärten zählen neben der Honigbiene und ihren wilden Verwandten auch die Hummeln (*Bombus*) wie Gartenhummel, Erdhummel, Steinhummel, Ackerhummel. Sie sind pelzig behaart und etwas größer als die ihnen nah verwandten Bienen. Ihr Rüssel ist mit 17–21 mm länger als der der Bienen. So vermögen sie den Nektar langröhriger und gespornter Blüten – zum Beispiel Salbei – zu erreichen und sind als deren Bestäuber

Honigbiene besucht eine Flockenblume

wichtig. Beim Eintauchen in die Blüte stößt die Hummel mit dem Kopf an die Staubfadenzapfen. Dadurch klappen die Staubfäden schlagbaumartig herunter und entleeren sich auf dem Rücken des Besuchers. Während die Honigbienen erst ab einer Außentemperatur von 10 °C ausfliegen, sind Hummeln bereits im zeitigen Frühjahr ab 2 °C unterwegs.

Ohne Bestäubung keine Früchte
Damit die Bienen die Pflanzen auch sicher erkennen, machen diese mit bunten Blütenblättern auf sich aufmerksam. Bei vielen von ihnen kommt noch ein typischer Duft als Erkennungsmerkmal hinzu. Für die Bienen wiederum ist es wichtig, möglichst große Vorräte in ihren Waben anlegen zu können, denn in den Wintermonaten und bei schlechtem Wetter im Sommer braucht das Bienenvolk im Stock reichlich Energie zum Wärmen. Zwei besondere Verhaltensweisen der Bienen sind dabei hilfreich. Zum einen sind Bienen „blütenstet", eine Biene bleibt also einer Pflanzenart

so lange treu, bis sie verblüht ist. Damit kann sie sich ganz auf das Sammeln konzentrieren und muss nicht bei jeder Blüte erneut nach den Nektarquellen suchen. Zum anderen führt die Biene eine Abfolge bestimmter Tanzfiguren aus, aus denen ihre Kolleginnen im Stock Hinweise zu Richtung und Entfernung einer Nahrungsquelle erkennen können. Beides ermöglicht den Tieren, in kurzer Zeit die Waben zu füllen, wobei sie dabei immer den „richtigen" Pollen tragen, zum Beispiel Apfelpollen von einer Apfelblüte zur anderen. Auf diese Weise sichern Bienen die Bestäubung und in der Folge die Befruchtung vieler bunt blühender Nutz- und Wildpflanzen.

Fleißige Bienchen

Für den sprichwörtlichen „Bienenfleiß" steht die Honigbiene, denn sie nimmt bei der Blütenbestäubung eine herausragende Stellung ein. Bienen kommen – im Gegensatz zu den ebenfalls blütenbestäubenden Hummeln – als Volk über den Winter und machen sich bereits mit den ersten Blüten im Frühjahr an die Arbeit. Ist ein Volk mit etwa 10 000 –12 000 Bienen über den Winter gekommen, wird davon etwa die Hälfte bei den ersten warmen Sonnenstrahlen ausfliegen. Bis zum Frühsommer kann das Bienenvolk auf 50 000 Bienen anwachsen, von ihnen müssen sich etwa zwei Drittel um Sauberkeit, Brutpflege, Wabenbau, Honigbereitung und Wächterdienste im Volk kümmern.

Der Rest sammelt draußen Nektar und Pollen. Eine Sammelbiene besucht pro Sammelflug etwa 100 Blüten, bei 10 Sammelflügen am Tag sind das 1000 Blüten. Und so kann ein ganzes Volk an einem schönen Sommertag durchaus bis zu 20 Millionen Blüten pro Tag bestäuben!

Was versteht man unter einer „Bienenweide"?

Die Honigbiene benötigt Nektar als Nahrung für sich selber und Pollen als Futter für ihre Brut. Das Angebot an Nektar und Pollen ist von Pflanze zu Pflanze sehr verschieden. Manche enthalten viel Nektar und Pollen, andere wenig oder gar nichts. Eine Pflanze kann viel Pollen, aber wenig oder keinen Nektar liefern oder umgekehrt. Doch nicht nur das Nahrungsangebot entscheidet darüber, ob eine Biene von einer Pflanze profitieren kann, sondern auch

*Wiesen-Schafgarbe und Hoher Sommerphlox
bieten vom Sommer bis in den Herbst den Bienen Nahrung.*

die Gestalt der Blüte. Viele gezüchtete Pflanzen haben im Unterschied zu ihren wilden Verwandten gefüllte Blüten, die den Bienen den Zugang zur Nahrungsquelle verwehren wie zum Beispiel die Edelrose im Vergleich zur ursprünglichen ungefüllten Form. Bei manchen Wildpflanzen sind die Nektarien auch so tief in der Blüte angeordnet, dass sie nur von Insekten mit einem langen Rüssel erreicht werden können wie beispielsweise beim Rotklee, der gerne von Hummeln besucht wird.
Die Versorgung mit Nektar und Pollen ist jahreszeitlich sehr unterschiedlich.

Im Frühling blühen Obstbäume, Raps und Löwenzahn und die Bienen finden ausreichend Nahrung. Ab Ende Juni wird das Angebot spärlich und im Juli/August gibt es meist nur noch wenig Tracht. Von einer Tracht spricht man, wenn die Honigbienen mehr Nahrung in den Bienenstock eintragen, als sie selbst verbrauchen. Alle Tracht spendenden Pflanzen zusammen bilden die „Bienenweide". Demzufolge ist unter „bienenfreundlich" eine Tracht zu verstehen, die zum richtigen Zeitpunkt kommt, also früh im Jahr oder im Sommer/Herbst. Zu diesen Zeiten ziehen die Bienen die für die Entwicklung ihres Volks entscheidende Brut auf und brauchen deshalb ein abwechslungsreiches Pollenangebot. Im Frühjahr, wenn sich das Volk entwickelt, vervielfacht sich die Anzahl der Individuen, um die nötige Volksstärke zu erreichen. Im Sommer werden die langlebigen Winterbienen aufgezogen, die das Überleben des Volks in der kalten Jahreszeit sicherstellen.

Malven liefern reichlich Nektar für Honigbienen.

Einen bienenfreundlichen Garten anlegen

Bienenfreundlich gärtnern bedeutet *nicht*, im eigenen Garten einen Bienenstand einzurichten, sondern vielmehr den Garten als Lebensraum zu entwickeln, in dem sich viele unterschiedliche Bienenarten wohlfühlen. Wer einen bienenfreundlichen Garten anlegen will, für den ist weniger mehr. Denn für Bienen braucht der Garten nicht überall aufgeräumt oder perfekt zu sein. Sie wünschen sich einen abwechslungsreichen Garten, in dem von Frühjahr bis Herbst Nektar zu finden ist. Saatgut für bienenfreundliche Wildblumenwiesen ist im Gartencenter und in Gärtnereien erhältlich. Nun möchte aber nicht jeder den ganzen Garten in eine Wildblumenwiese verwandeln. Es ist aber bereits hilfreich, wenn man in einer geschützten Ecke das Gras einfach nicht mäht, denn hier finden Bienen auch Schutz bei Regen. Und wer sogenanntes „Unkraut" wie Löwenzahn oder Klee wachsen lässt, sorgt für reichlich Nektar im Frühjahr. Bienen sind vor allem bei Sonnenschein auf Sammelflug und bevorzugen dabei windgeschützte Blüten, an denen sich natürlich leichter „tanken" lässt. Mit blühenden Hecken und Büschen lassen sich für sie windgeschützte Plätze schaffen.

Auch Bienen haben Durst

Bienen sind zudem auf eine ausreichende Wasserversorgung angewiesen. Man kann dies mit einer Wasserstelle im Garten oder auf dem Balkon unterstützen, zum Beispiel mit einem kleinen Teich oder einer Wasserschale. Wichtig ist, dass ausreichende Schwimmhilfen wie Äste, Rindenstücke oder Steine ins Wasser ragen, damit die Tiere nicht abrutschen und ertrinken. Die Bienen stellen sich auf die Tränke ein, man muss deshalb dafür sorgen, dass sie auch im Urlaub nicht austrocknen kann.

Nisthilfen bereitstellen

Neben den Honigbienen und Hummeln sind auch Wildbienen, die einzeln leben

Honigbiene an der Tränke

und kein Volk bilden, auf Nektarsuche. Gerade für sie wird dies in unserer „aufgeräumten" Landschaft immer schwieriger, da sie kein passendes Zuhause mehr finden. Da der Aktionsradius von Wildbienen meist nur 70–300 m beträgt, müssen Futterpflanzen und Nistmöglichkeiten in direkter Nachbarschaft liegen. In naturnahen Hausgärten können Nistplätze mit einfachsten Mitteln und kostengünstig selbst hergestellt werden:

Nisthöhlen in einer Baumscheibe

- Bündel aus hohlen Pflanzenstängeln (Bambus, Bärenklau, Schilf, Knöterich) mit einem Durchmesser von 2–10 mm und einer Länge von 8–20 cm bereitstellen. Notwendig ist immer ein verschlossenes Ende, also die Stängel immer hinter den Knoten (Verdickungen) durchtrennen, damit das hintere Ende einen natürlichen Abschluss hat.
- Bündel aus markhaltigen Pflanzenstängeln (Holunder, Himbeere, Distel, Königskerze) aufstellen.

Ein spezielles „Wildbienenhotel" lässt sich ebenfalls ganz einfach selbstbauen. Oberirdisch nistende Wildbienen brauchen zum Nisten vor allem drei Dinge: Löcher mit geeignetem Durchmesser, einen Regenschutz und einen sonnigen Standort mit gut erreichbaren Futterpflanzen. Hierzu kann man verschieden große Löcher in eine Baumscheibe bohren oder einen Lochziegelstein in

Ein Wildbienenhotel

ein Regal stellen. Ein kleines Dach schützt das Bienenhotel vor Regen. Man hängt oder stellt es am besten an einem sonnigen, windgeschützten Platz auf und schon bald werden sich die ersten „Gäste" einstellen.

Da die ersten Hummelköniginnen schon früh im Jahr aus der Winterruhe erwachen, sollten die Hummelkästen bereits Ende Februar bezugsfertig sein. Hummelkästen gibt es als Bausatz zu kaufen oder man kann sie ganz leicht selbst bauen. Rindenholz, Sperrholz oder Stein sind die richtigen Materialien, auch ein alter Tonkrug eignet sich als Nisthilfe für Hummeln. Erdhummeln bevorzugen unterirdische Nisthilfen, weil sie in freier Natur in Mäuselöchern, Erdspalten und unter Steinen wohnen. Ackerhummeln bauen ihr Nest oberirdisch in Totholz oder alten Stromkästen.

Was sind „bienenfreundliche" Pflanzen

Bienen bevorzugen einfach geformte, ungefüllte Blüten, bei Züchtungen mit „gefüllten" Blüten ist die Nektarquelle für sie nur schwer erreichbar. Generell nehmen Bienen jede Nektarquelle dankbar an, wobei sie den einheimischen Pflanzen wie zum Beispiel den klassischen Bauerngartenblumen den Vorzug vor Exoten geben. Nahrung finden sie ebenfalls in blühenden Sträuchern und Bäumen. Auch blühende Kräuter werden gerne besucht.

Darüber hinaus sind viele Wildblumen, die im Garten als „Unkraut" bekämpft werden, eine wichtige und ergiebige Nahrungsquelle. Wenn Wildpflanzen an Acker- und Wegrändern sowie in ungestörten Gartenbereichen ungehindert wachsen dürfen, ist dies ein wichtiger Beitrag zum Bienenschutz. Solche „Unkräuter" findet man auch in Wildblumensaaten. Bei der Auswahl der Pflanzen sollte man dafür sorgen, dass bereits im zeitigen Frühjahr und auch noch im Spätherbst etwas im Garten blüht – was Gärtner und Bienen gleichermaßen erfreut. In der weitgehend ausgeräumten Landschaft, aber auch in Gärten tritt ab Juni/Juli eine Blühpause ein. Wer verstärkt Sommer- und Herbstblüher pflanzt, bereichert nicht nur seinen Garten, sondern schafft ein breites Nahrungsangebot für die Bienen. Manche der herbstblühenden Stauden können auch über den Winter stehenbleiben und Wildbienen ein Winterquartier bieten.

Bevorzugt heimische Blütenpflanzen

Sie spielen im Naturhaushalt eine entscheidende Rolle, in Deutschland sind 2700 Pflanzenarten heimisch. „Heimisch" bedeutet, dass die Pflanzen möglichst aus dem europäischen Raum stammen und sich ohne unser Zutun aus eigener Kraft behaupten oder vermehren. Je artenreicher sich

Im Garten zwar nicht beliebt, bietet der Rote Wiesenklee den Bienen ein doch reiches Angebot an Nektar und Pollen.

ein Lebensraum gestaltet, desto stabiler sind seine Lebensgemeinschaften. Dies lässt sich auch auf Gärten übertragen und gilt insbesondere für den möglichst naturnah und vielfältig bepflanzten und somit bienenfreundlichen Garten. Charakteristisch für die Gestaltung des Gartens mit Wildpflanzen ist die

Veränderung. Denn im Laufe der Zeit verschwinden manche Arten, andere breiten sich aus – für Überraschung ist deshalb stets gesorgt und Experimentierfreude und Flexibilität des Gärtners sind gefordert. Da viele Wildpflanzen bereits in ihrem Bestand bedroht sind oder unter Naturschutz stehen, darf man sie keineswegs in der freien Natur ausgraben, zumal sie dann oft auch nicht im Garten anwachsen. Aber auf einem Spaziergang im Spätsommer oder Herbst lassen sich ganz einfach und naturschonend Samen von reifen Fruchtständen sammeln. Mit jeder heimischen Pflanzenart bietet man etwa 10 heimischen Tierarten Nahrung. Aber nur etwa 60 Arten werden in Gartencentern angeboten. Doch es gibt spezialisierte Anbieter von heimischen Wildpflanzen und regionalem Saatgut. Die meisten vertreiben ihre Ware auch über das Internet.

Wildwiese statt Einheitsgrün

Wenn man im Rasen Stellen ausspart und diese nur zweimal im Jahr mäht, kommen dort mehr Wildblumen zur Blüte. Man kann auch eine Wildblumenmischung ansäen. Wildblumen gedeihen am besten auf nährstoffarmen Böden. Hierfür muss die Humusdecke abgetragen oder der Boden mit Sand durchmischt sein. Ist der Boden vorbereitet, kann ausgesät werden. Im Gartenfachhandel gibt es Samenmi-

schungen aus heimischen Arten, die an die Bedürfnisse der Wildbienen angepasst sind. Hierbei gilt: Je größer die Anzahl an verschiedenen Blütenpflanzen, desto mehr Bienenarten werden den Weg in den Garten finden. Auch Wildblumen-Wiesen sollten maximal zweimal im Jahr und erst ab Juni gemäht werden.

Geringer Pflegeaufwand

Naturnahe Pflanzungen sind pflegeleicht und kostengünstig. Rasenmäher und Hacke kommen selten zum Einsatz. Gelegentliches Jäten und Entfernen verwelkter Blüten, um einen erneuten Blütenansatz zu fördern, sowie mäßiges Gießen ist im Allgemeinen ausreichend. Manche Pflanzen blühen nach dem Sommerschnitt Mitte bis Ende Juni noch ein zweites Mal. Im Winter sollte der Boden von Dauerbepflanzungen nicht austrocknen. Im Frühjahr entfernt man das Laub und schneidet die dürren Stängel der Stauden ab. Zu groß gewordene Stauden werden geteilt. Als Düngung empfiehlt sich eine oberflächliche und mäßige Kompostgabe.

Bienenschmaus im Blumenkasten

Auch auf kleiner Fläche lässt sich etwas für Bienen, Hummeln & Co. pflanzen. Viele heimische Wildblumen und Kräuter gedeihen hervorragend in Töpfen und anderen Pflanzgefäßen und auch der blühende Balkonkasten lässt sich bienenfreundlich bepflanzen. Mit der richtigen Pflanzenauswahl kann es auf der heimischen Balkonoase nicht nur üppig blühen, sondern auch summen. Bienen und Hummeln lassen sich gezielt anlocken, denn auch eine entsprechende Balkonbepflanzung ist ein wichtiger Beitrag zum Natur- und Umweltschutz. Darüber hinaus gewinnen Städte als Lebensraum für Bienen zunehmend an Bedeutung. Im klassischen Balkonpflanzen-Sortiment aus Geranien, Petunien etc. gibt es für sie aber meist nichts zu holen. Wer möchte, dass es auf dem Balkon auch summt und brummt, wird bei vielen einfachen, ungefüllten Blüten

In diesem Balkonkasten ist der Tisch für Bienen reich gedeckt.

Auch blühende Kräuter werden gerne besucht.

sowie bei Wildformen, insbesondere bei den heimischen Wildpflanzen, fündig. Sie können zwar selten mit den üppigen und leuchtend bunten Balkonklassikern und ihrer langen Blütezeit mithalten, haben dafür aber andere Vorzüge. Wildstauden müssen nicht jedes Frühjahr neu erworben werden, sondern können mehrere Jahre in den Gefäßen bleiben. Eine Dauerbepflanzung punktet auch im Winter optisch und bietet zudem Wildbienen Nistplätze und Winterquartier.

Pflanzenauswahl und Pflanzung

Die Auswahl der Pflanzen richtet sich vor allem nach den Lichtverhältnissen auf dem Balkon. Viele sonnenliebende Wildpflanzen gedeihen ebenso im Halbschatten. Schattenliebende Arten kommen bei guter Erde und ausreichend Feuchtigkeit aber auch mit mehr Sonne zurecht. Das Kleinklima auf Südbalkonen vertragen wärme- und trockenheitsliebende Pflanzen am besten. Wuchsstarke Arten sollten eigene Gefäße bekommen. Hochwachsende Pflanzen sind windanfällig, knicken leicht um und brauchen ein hohes Pflanzgefäß und einen windgeschützten Platz. Auch viele Küchenkräuter sind wahre Delikatessen für Bienen. Ein blühender Kräuterkasten sieht schön aus und liefert reichlich Aroma für die Küche. Da die meisten Pflanzen mehrjährig sind, muss der Kasten nicht jedes Jahr neu bepflanzt werden. Wichtig: Nicht alles abernten, sondern immer einen Teil der Kräuter blühen lassen!

Bienenfreundliche Balkonblumen

Löwenmäulchen, Schmuckkörbchen, Husarenknöpfchen, Goldkosmos, Goldlack, Fächerblume, Kapuzinerkresse, Prachtkerze, niedrige Strohblumen, Verbene, Männertreu, Wandelröschen, Steinkraut, Bienenfreund, Vanilleblume, Lobelien, Sonnenauge, Sonnenhut, Kokardenblume, Kapmalve, Portulakröschen

Bienenfreundliche Kräuter

Salbei, Lavendel, Thymian, Borretsch, Bohnenkraut, Schnittlauch, Majoran, Ysop, Zitronenmelisse, Pfefferminze

Saatgutmischungen

Auch mit einjährigen, kunterbunten Sommerblumen-Mischungen, die man ab April im Balkonkasten aussäen kann, werden Bienen angelockt. Dies geht ganz einfach mit Saatbändern, die nur auf dem mit Erde gefüllten Balkonkasten oder Pflanzkübel ausgelegt werden und dann dünn mit Erde bedeckt und angegossen werden müssen. Hier stimmt auch schon der Abstand der einzelnen Pflanzen, sodass man später nicht mehr von Hand ausdünnen muss. Wenn es dazu auch ein wenig Geduld braucht, ist es doch schön, die Pflanzen wachsen zu sehen. Ab Juni blüht es im Kasten dann den ganzen Sommer über.

Deutschlandsummt!

„Deutschland summt!"

In Großstädten ist die Entfremdung der Menschen von der Natur ganz besonders zu spüren. Hier bietet sich kaum die Gelegenheit, natürliche Prozesse zu beobachten oder sich darin eingebunden zu fühlen. Gleichzeitig ist aber in vielen Städtern eine neue Sehnsucht zu spüren, eben genau dies zu erfahren. Hier setzt die Initiative „Deutschland summt!" an. Sie weist auf die bedrohliche Lage für Bienen hin und möchte erreichen, dass mehr bienenfreundliche Lebensräume als Oasen der biologischen Vielfalt in der Stadt geschaffen werden. Die Initiatoren werben dafür in mittlerweile vier großen Städten. In *Berlin, Hamburg, Frankfurt am Main und München* summen Bienenvölker auf den Dächern von 24 prominenten Gebäuden – zum Beispiel am Berliner Dom und an der Münchner Pinakothek. Für Schulen gibt es einen Bienenkoffer, mit dessen Hilfe Schülerinnen und Schüler gemeinsam mit ihren Lehrkräften die Welt der Bienen entdecken können. Eine *Wanderausstellung* informiert über die *Bedeutung der Bienen* als Bestäuber von Bäumen, Blumen und Nutzpflanzen und über die Ursachen ihrer Gefährdung.

Bienenpflanzen im Porträt

Wiesen-Schafgarbe

Achillea millefolium

Aussehen I Die buschige, aromatisch riechende Staude wird 40–90 cm hoch. Aus dem kriechenden Wurzelstock entwickeln sich zuerst Laubblattrosetten und danach die Blütentriebe. Die Blätter sind wechselständig, doppelt oder dreifach fiederspaltig, die Blütenstände in einer rispigen Scheindolde angeordnet. Die Scheibenblüten der Köpfchen sind weiß, die Zungenblüten weiß, rosa oder rot gefärbt.

Blütezeit I Juni bis Oktober.

Standort I Die widerstandsfähige Pflanze braucht einen sonnigen Platz mit durchlässigem, mäßig feuchtem, nährstoffreichem Boden.

Gartentipp

Die heimische Wildstaude darf in naturnahen Pflanzungen nicht fehlen. Die Jungpflanzen werden im Frühjahr oder Herbst im Abstand von 30–40 cm eingesetzt. Verwelkte Blütenstände schneidet man regelmäßig ab. Bei anhaltender Trockenheit muss gründlich gegossen werden.

Duftnessel

Agastache foeniculum

Aussehen I Die Duftnessel ist eine kompakte, standfeste, 60–150 cm hohe Staude mit aromatisch duftenden, unterseits weißgrauen, behaarten Blättern und steifen, aufrechten, hellblauen Blütenkerzen. Die Samenstände zieren den Garten bis in den Winter.

Blütezeit I Juli bis September

Standort I Duftnesseln bevorzugen einen vollsonnigen Standort und gedeihen in jedem Boden. Sehr sandige Böden können mit Kompost und Tonmineral verbessert werden.

Gartentipp

Eingewachsen vertragen Duftnesseln Trockenheit recht gut, sollten jedoch bei länger anhaltenden Trockenperioden in Abständen durchdringend gewässert werden. Staunässe, besonders im Winter, ist zu vermeiden. Ein zeitiger Rückschnitt führt zu erneuter Blüte, fördert die Bildung von Grundtrieben und erleichtert das Überwintern.

Stockrose

Alcea rosea

Aussehen I Die Stockrose ist eine zweijährige, ausdauernde Pflanze, bei der im zweiten Jahr aus einem verzweigten, tief reichenden Wurzelstock ein aufrechter, kräftiger und rauhaariger, bis 2 m hoher Blütenschaft treibt. Die langgestielten Blätter sind handförmig gelappt und mit Filzhaaren überzogen. Die großen, trichterförmigen, leuchtend rosa- bis purpurfarbenen Blüten bilden am Stängelende eine lange Ähre.

Blütezeit I Juli bis September

Standort I Die Stockrose braucht einen sonnigen, windgeschützten Platz mit einem lockeren, tiefgründigen, durchlässigen Boden.

Gartentipp

Die Stockrose sollte am besten in Reihe oder als Gruppe gepflanzt werden. Am schönsten wirkt sie direkt am Gartenzaun als Hintergrund von Stauden und Sommerblumen oder vor Mauern und Hauswänden.

Riesen-Lauch

Allium giganteum

Aussehen I Der Riesen-Lauch ist eine 80–150 mehrjährige, krautige Pflanze, deren gesamten Pflanzenteile einen leichten Zwiebelgeruch verströmen. Die 6–8 grundständigen, aufrechten, gräulich-grünen, glatten Blätter werden bis zu 50 cm lang und bis zu 10 cm breit. Auf einem runden, hohlen Schaft steht der doldige, kugelige Blütenstand. Die 6 violetten Blütenhüllblätter stehen sternförmig zusammen.

Blütezeit I Juni/Juli

Standort I Der Riesen-Lauch braucht einen sonnigen Platz mit lockerem, durchlässigem Boden. Die Pflanze ist empfindlich gegen Staunässe.

Gartentipp

Zierlauch-Arten werden gerne mit mittelhohen Sommerstauden wie Phlox, Katzenminze, Steppen-Salbei und Pracht-Storchschnabel kombiniert. Die Blütenstände sollte man stehen lassen. Selbst wenn sie vertrocknet sind, setzen sie noch einen formalen Akzent im Garten.

Raublatt-Aster

Aster novae-angeliae

Aussehen I Raublatt-Astern sind bis 2 m hohe Stauden mit aufrecht verzweigten, behaarten Stängeln und Blättern und auffallend leuchtenden Blüten. Die äußeren Zungenblüten der großen Blütenköpfe sind blau bis rosaviolett, die inneren scheibenförmigen Röhrenblüten goldgelb. Die meisten Raublatt-Astern schließen nachts die Blüten.

Blütezeit I August bis Oktober

Standort I Astern brauchen einen sonnigen Platz mit nährstoffreichem Boden.

Gartentipp

Aufgrund ihrer Höhe pflanzt man Astern in Beeten am besten in den mittleren und hinteren Bereich. Wichtig ist, dass die Pflanze mindestens bis zur Hälfte von anderen Pflanzen verdeckt wird, da die Stängel im Laufe des Jahres von unten her verkahlen. Raublatt-Astern sollten alle 3–4 Jahre geteilt werden, um eine bessere Blütenbildung anzuregen.

Borretsch

Borago officinalis

Aussehen | Borretsch ist eine winterharte, einjährige, bis 60 cm hohe Pflanze. Die unteren Blätter sind spatenförmig oval gestielt, die oberen sitzen fast herzförmig um den behaarten Stängel. Die Blätter sind rau, die Blattnerven treten auf der Unterseite deutlich hervor. Die Blütenquirle entspringen im oberen Drittel an den Blattachsen, sie tragen leuchtend blaue Blütensterne mit schwarzblauen Staubgefäßen.

Blütezeit | Mai bis Oktober

Standort | Borretsch gedeiht an einem sonnigen wie halbschattigen Platz mit humosem, durchlässigem, nicht zu trockenem Boden.

Gartentipp

Die Pflanze hat ein starkes Ausdehnungsbedürfnis und sollte deshalb möglichst nicht direkt im Kräuterbeet mit weniger vitalen Gewächsen Platz finden. Wegen der hübschen Blüten lässt sich Borretsch durchaus ins Staudenbeet setzen. Aber auch dort muss hin und wieder ausgelichtet werden, da er sich durch Selbstaussaat vermehrt.

Ringelblume
Calendula officinalis

Aussehen I Die Ringelblume ist eine einjährige, selten mehrjährige, krautige, bis 60 cm hohe, buschige Pflanze. Die aufrechten, filzig behaarten Stängel tragen fein behaarte, wechselständige, ungeteilte Blätter. Am Ende der Triebe stehen goldgelbe bis tief orangefarbene, bis 5 cm breite Blütenkörbchen.

Blütezeit I Juni bis September

Standort I Die Ringelblume braucht einen sonnigen Platz mit einem mittelschweren, nicht zu sandigen oder zu feuchten Boden.

Gartentipp

Die Pflanze hält im Obst- und Gemüsegarten Schädlinge fern und dient so dem natürlichen Pflanzenschutz. Sie eignet sich auch hervorragend zur Schneckenabwehr. Eine Umpflanzung mit Ringelblumen schützt das Salat- und Gemüsebeet. Ihre tief reichenden Pfahlwurzeln lockern das Erdreich auf und verbessern auf diese Weise als Gründünger die Bodenqualität.

Pfirsichblättrige Glockenblume

Campanula persicifolia

Aussehen | Die Pfirsichblättrige Glockenblume ist eine mehrjährige, krautige, bis 80 cm hohe Pflanze mit einem fast kahlen Stängel. Die Grundblätter und unteren Stängelblätter sind lanzettlich, die oberen Stängelblätter sitzend. Der Blütenstand ist eine meist drei- bis achtzählige Traube, die lilablaue oder weiße Krone bis 5 cm lang und breit-glockig. Die Kelchzipfel sind dreieckig und am Grund bis 3 cm breit.

Blütezeit | Juni bis August

Standort | Die Pfirsichblättrige Glockenblume gedeiht am besten an einem sonnigen bis halbschattigen Platz mit humosem, frischem Boden.

Gartentipp

Glockenblumen sind nicht nur vielseitig einsetzbar, sondern auch äußerst pflegeleicht. Die zarten Schönheiten eignen sich nicht nur fürs Beet, auch in Pflanzgefäßen, als Einfassung oder in Kombination mit Zwiebelpflanzen und anderen Stauden machen sie sich gut.

Kornblume

Centaurea cyanus

Aussehen | Die Kornblume ist eine ein- bis zweijährige Pflanze mit einem bis 80 cm hohen, kantigen, weißfilzig behaarten, im oberen Teil verzweigten Stängel. Die Blätter sind meist schmal-lanzettlich, die unteren gestielt, gelegentlich fiederteilig, die oberen sitzend, ungeteilt. Die Blütenkörbchen stehen einzeln an den Zweigenden. Die Hüllblätter sind grün, die Kronen leuchtend blau.

Blütezeit | Juni bis Oktober

Standort | Die Kornblume gedeiht an einem sonnigen, windgeschützten Platz mit einem nährstoffreichen, humosen Boden.

Gartentipp

Die anmutige Pflanze mit ihren flockig-bauschigen Blütenköpfen besticht vor allem durch ihren naturnahen Charakter und passt gut zu einjährigen Wildpflanzen wie Klatschmohn. Im Garten wirkt sie in Gruppen gepflanzt am schönsten. Niedrige, dichtbuschige Sorten eignen sich auch für Balkonkästen.

Wiesen-Flockenblume

Centaurea jacea

Aussehen I Die Wiesenflockenblume ist eine bis zu 70 cm hohe, ausdauernde, krautige Pflanze mit aufrechten, verzweigten Stängeln. Die unteren Blätter sind fiederspaltig, die oberen ungeteilt, wechselständig. Die 2–4 cm breiten Blütenkörbchen bestehen aus bis zu 100 violetten, am Rand stark vergrößerten Röhrenblüten. Die bräunlichen Hüllblätter sind gefranst.

Blütezeit I Juni bis Oktober

Standort I Die Wiesen-Flockenblume gedeiht an einem sonnigen bis halbschattigen Platz mit mäßig trockenem bis frischem, durchlässigem Boden.

Gartentipp

Flockenblumen kann man an Ort und Stelle direkt aussähen, die Samen keimen zuverlässig. Ein rosafarbenes Gegenstück stellt die Rote Flockenblume (C. dealbata) dar, deren frischrosa Blütenköpfe sich über silbergrauem Laub erheben.

Wegwarte

Cichorium intybus

Aussehen I Die ausdauernde, krautige, bis 140 cm hohe Pflanze hat eine tief reichende Pfahlwurzel, die Stängel stehen sparrig-ästig. Die 8–25 cm langen Grundblätter und die unteren Stängelblätter sind unterseits borstig behaart. Die Blütenköpfchen bestehen nur aus Zungenblüten. Die Köpfchenhülle ist zweireihig, die Hüllblätter sind meist drüsenhaarig. Die Zungenblüten sind himmelblau, selten auch weiß gefärbt. Die auffälligen Blütenstände öffnen sich nur vormittags.

Blütezeit I Juli/August

Standort I Die Wegwarte braucht einen sonnigen, trockenen Platz mit leicht alkalischem Boden.

Gartentipp

Die relativ hoch wachsende Wegwarte kommt am besten als Randbepflanzung oder vor einem Zaun zur Geltung. Sie muss sehr früh Sonne bekommen, da sich ihre Blüten schon bei Sonnenaufgang öffnen.

Echter Koriander

Coriandrum sativum

Aussehen | Der Echte Koriander ist eine einjährige, krautige, bis 60 cm hohe Pflanze. Aus dem schlanken Wurzelstock wächst ein längs geriefter, im Querschnitt runder Stängel hoch.

Die unteren Blätter sind einfach fiederschnittig und verströmen einen starken Duft. Die oberen Blätter sind zart gefiedert und riechen eher unangenehm beißend. An den Zweigspitzen sitzen flache Blütendolden mit kleinen, rosa-weißen Blüten.

Blütezeit | Juni bis August

Standort | Koriander gedeiht am besten an einem sonnigen Platz mit einem leichten, durchlässigen Boden.

Gartentipp

Wenn man die Samen ernten will, muss der Sommer trocken sein. Selbst gezogener Koriander entwickelt ein viel intensiveres Aroma als kommerziell angebauter. In milden, frostfreien Regionen kann man im Herbst für eine Winterernte säen.

Schmuckkörbchen

Cosmos bipinnatus

Aussehen | Das Schmuckkörbchen ist eine einjährige, krautige, bis zu 2 m hohe Sommerblume mit einem aufrechten, kahlen, verzweigten Stängel und filigranem, hellgrünem Laub. Die flachen Blütenkörbchen enthalten meist 8 rosa bis violett oder weiß gefärbte Zungenblüten.

Blütezeit | Juli bis Oktober

Standort | Das Schmuckkörbchen bevorzugt einen sonnigen Platz mit einem leichten, durchlässigen, nicht zu nährstoffreichen Boden.

Gartentipp

Schmuckkörbchen eigenen sich besonders für naturnahe Gärten, Bauerngärten, in bunten Staudenbeeten und Rabatten. Besonders schön wirken sie in Kombination mit Phlox, Sonnenhut, Sonnenbraut und hohen Glockenblumen. Aber auch in Einzelstellung an markanten Gartenpunkten sowie in größeren Pflanzgefäßen auf Balkon und Terrasse kommen sie zur Geltung.

Frühlings-Krokus

Crocus vernus

Aussehen | Der Frühlings-Krokus ist ein 10–15 cm hoher, einblütiger Geophyt, der die Blüten gleichzeitig mit den 2–4 grasartigen Blättern ausbildet. Die Blätter haben einen weißen Mittelnerv. Die violett- bis lavendelfarbenen, gelben oder weißen Blüten haben einen dunklen Streifen an der Außenseite, der Schlund ist weiß oder zartlila, die Hüllblätter sind am Grund zu einer Röhre verwachsen und bilden einen 2–5 cm langen Trichter.

Blütezeit | Februar/März

Standort | Krokusse bevorzugen einen sonnigen bis halbschattigen Platz mit einem kalkhaltigen, winterfrischen und sommertrockenen Boden.

Gartentipp

Krokusse sehen besonders schön in größeren Gruppen am Gehölzrand, in Rasenlücken sowie Beeten und Rabatten aus. Sie lassen sich mit zahlreichen anderen zwiebel- und knollenbildenden Frühjahrsblühern effektvoll kombinieren.

Roter Fingerhut

Digitalis purpurea

Aussehen I Sowohl der lateinische wie auch der deutsche Name beschreiben die röhrig-glockige Blütenform. Aus der Blattrosette erhebt sich ein kräftiger, beblätterter, bis 180 cm hoher Blütenstängel. Auf der Unterseite der flaumigen, großen Blätter bilden die Blattnerven ein enges Wabennetz. Die hängenden, duftenden, rosa bis purpurfarbenen oder weißen Blütenglocken bilden am Stängelende eine dichte Traube. Achtung: Die ganze Pflanze ist giftig.

Blütezeit I Juni bis August

Standort I Der Fingerhut ist recht anspruchslos, gedeiht in fast allen Lagen, optimal an halbschattigen Plätzen mit humusreichem Boden.

Gartentipp

Im naturnahen Gehölzrand wirken die hellen Blüten der Pflanze besonders anziehend. Mit ihrer aufrechten Wuchsform verleiht sie dem Blumenbeet vertikale Struktur und lässt sich daher gut mit flächig wachsenden Stauden kombinieren. Man kann sie vereinzelt oder in lockeren Gruppen pflanzen.

Kugeldistel

Echinops

Aussehen | Die Kugeldistel ist eine zwei- oder mehrjährige, bis 150 cm hohe Pflanze. Die Blätter sind auf der Unterseite graufilzig, auf der Oberseite graugrün, spinnwebartig behaart und fiederteilig. Auf verzweigten, aufrecht stehenden Stängeln sitzen die intensiv metallisch blauen oder silberweißen, runden Blütenköpfe.

Blütezeit | Juni bis August

Standort | Die Kugeldistel benötigt einen vollsonnigen Standort mit einem gut durchlässigen Boden. Sie ist tiefwurzelnd, daher sind flachgründige Böden ungeeignet.

Gartentipp

Die beste Pflanzzeit ist im Herbst. Wird auf die Samenreife verzichtet, sollten die verblühten Blütenstände regelmäßig abgeschnitten werden, da es weitere Blüten fördert. Die Kugeldistel verträgt zwar Trockenheit, gedeiht jedoch besser, wenn sie während länger anhaltender Trockenperioden im Frühjahr und Sommer gelegentlich durchdringend gegossen wird.

Schmalblättriges Weidenröschen

Epilobium angustifolium

Aussehen | Das Schmalblättrige Weidenröschen ist eine ausdauernde krautige, 80–150 cm hohe Pflanze. Die aufrechten, meist unverzweigten Stängel sind kahl oder schwach behaart und dunkel purpurfarben gefärbt. Die wechselständigen Blätter sind kurzgestielt. Die zahlreichen, rosa- bis purpurfarbenen Blüten stehen in einem langen, endständigen, traubigen Blütenstand.

Blütezeit | Juni bis September

Standort | Das Schmalblättrige Weidenröschen braucht einen sonnigen bis halbschattigen Platz mit frischem, nährstoffreichem, lehmhaltigem, kalkarmem Boden.

Gartentipp

Das Schmalblättrige Weidenröschen ist sehr robust, pflegeleicht und breitet sich schnell durch Ausläufer und Samen aus und wird von einigen Gärtnern sogar als Unkraut betrachtet. Man sollte dennoch vor allem im naturnahen Garten nicht auf diese dekorative Staude verzichten.

Schneeheide

Erica carnea

Aussehen I Die Schneeheide ist ein immergrünes 15–30 cm hohes Zwerggehölz. Der reich verzweigte und teppichbildende Kleinstrauch trägt immergrünes, nadelartiges Laub. Seine niederliegenden Ästchen sind dünn und bogig. Die nickenden, zwittrigen und schmalglockig geformten Blüten erscheinen in einem vielblütigen, traubigen Blütenstand. Sie sind, je nach Sorte, weiß, rosa oder rot und 5–7 mm lang. Die braunroten Staubbeutel ragen aus der Krone heraus.

Blütezeit I März/April

Standort I Die Schneeheide gedeiht an sonnigen bis halbschattigen Plätzen mit humosen, durchlässigen, frischen Böden.

Gartentipp

Ihre volle Wirkung entfaltet die Schneeheide, wenn sie flächig als Bodendecker oder in Gruppen gepflanzt wird. Auch einzeln in gemischten Pflanzungen, Steingärten und Gefäßen lässt sich dieses Zwerggehölz sehr gut arrangieren.

Kleines Schneeglöckchen

Galanthus nivalis

Aussehen | Das Kleine Schneeglöckchen ist eine ausdauernde, krautige Pflanze mit graugrünen, riemenförmigen Blättern an 10–15 cm hohen Blütenstielen und jeweils einer nickenden, angenehm duftenden, weißen Blüte, die sich in drei weiße äußere Blumenblätter und drei innere mit grünem Fleck an der Spitze gliedert.

Blütezeit | Februar/März

Standort | Das Kleine Schneeglöckchen fühlt sich an halbschattigen Plätzen mit einem humosen, lockeren Boden wohl.

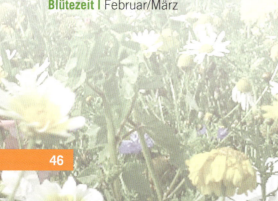

Gartentipp

Wer im Herbst ein paar Zwiebeln pflanzt, kann sich nach einigen Jahren über eine große Fläche Schneeglöckchen freuen, sofern sie ungestört wachsen können. Die Blüten kommen häufig schon unter der Schneedecke hervor. Sollen Schneeglöckchen jedes Jahr üppig blühen, lässt man die Blätter nach der Blüte stehen, bis sie vergilbt sind.

Sonnenbraut

Helenium

Aussehen I Die starkwüchsige Staude erreicht eine Höhe von 60–150 cm. Die kräftigen Blätter sind wechselständig um die halbkugeligen bis kugeligen Köpfchen angeordnet. Die kleinen Röhrenblüten sind in der Blütenmitte zu einer Scheibe angeordnet. Um die Scheibe herum sitzt ein Kranz von Strahlenblüten, welche die gelbe bis braune Blüte wie eine kleine Sonne aussehen lassen.

Blütezeit I Juni bis Oktober.

Standort I Die Sonnenbraut liebt einen vollsonnigen Platz mit einem guten, nährstoffreichen, nicht zu trockenen Boden. Besonders geeignet sind lehmige Sand- oder sandige Lehmböden.

Gartentipp

Helenium lässt sich, in Gruppen gepflanzt, gut mit anderen Beetstauden und filigranen Gräsern kombinieren. Zusammen mit verschiedenen Rudbeckia-Sorten entsteht eine goldgelbe Gartenecke, die selbst an trüben Tagen eine enorme Leuchtkraft entwickelt. Verblühtes sollte regelmäßig entfernt werden.

Sonnenblume

Helianthus

Aussehen | Stauden-Sonnenblumen sind langlebige, hochwüchsige, ausdauernde Stauden. Es gibt sie von zierlich klein bis zu einer Größe von mehreren Metern. Allen gemeinsam ist der gelbe Blütenflor mit den leicht aufrecht stehenden Zungenblüten. Die Blüten erscheinen einzeln hintereinander am Stängel. Kennzeichnend sind auch die dünnen, langen Blätter.

Blütezeit | Juli bis Oktober

Standort | Die robusten Stauden-Sonnenblumen bevorzugen warme, sonnige Standorte mit nährstoffreichen, durchlässigen Böden.

Gartentipp

Stauden-Sonnenblumen eignen sich insbesondere als Beethintergrund. Die Blüten wirken anziehend auf viele Insekten, später nutzen Vögel die Samenstände. Außer gelegentlichen Wassergaben während sehr trockener Perioden benötigen die Pflanzen keine Pflege. Gelegentliche Trockenheit wird ganz gut vertragen, Staunässe dagegen nicht.

Christrose
Helleborus niger

Aussehen | Die Christrose ist eine 30 – 35 cm hohe Staude mit einem kriechenden, stark verästelten Wurzelstock. Ihre fächerartigen, langgestielten, glänzenden Blätter fühlen sich ledrig an und bleiben ganzjährig grün. Die rotbraun überhauchten Stängel tragen ein oder zwei große, meist weiße, manchmal auch rötliche Blüten.

Blütezeit | Dezember bis März

Standort | Am wohlsten fühlt sich die Christrose an einem Platz im Halbschatten vor Sträuchern mit gut durchlässigem, etwas feuchtem, kalkhaltigem Boden.

Gartentipp

Lässt man die Christrose ungestört wachsen, wird sie von Jahr zu Jahr schöner. Sie nimmt allerdings übel, wenn man sie verpflanzt und braucht lange, um sich von diesem „Schock" zu erholen. Die Samen müssen bereits im Herbst gesät werden, denn die Pflanze gehört zu den Frostkeimern.

Ysop

Hyssopus officinalis

Aussehen | Ysop ist ein ein- bis mehr-
jähriger, bis 60 cm hoher, teils immer-
grüner Halbstrauch mit zahlreich
verzweigten Ästen. Die bis 5 cm langen
Blätter sind kreuzgegenständig angeordnet, kahl bis behaart, an der Un-
ter- und Oberseite dicht mit Öldrüsen
besetzt. Die leuchtend blauen oder
violetten Blüten sind in Scheinquirlen
zu endständigen, ährenartigen Blütenständen vereinigt.

Blütezeit | Juli bis September

Standort | Die Pflanze bevorzugt einen
sonnigen Platz mit gut durchlässigem
Boden.

Gartentipp

*Da alle Teile der Pflanze ange-
nehm duften und die Blüten sehr
hübsch sind, sollte Ysop an eine
gut einsehbare Stelle gepflanzt
werden. Er lässt sich auch gut im
Kübel kultivieren und macht sich
gut auf Terrassen. Nur während der
Blütezeit muss man die Pflanze mit
Flüssigdünger versorgen. Nach der
Blütezeit wird sie zurückgeschnitten, um die Form zu erhalten.*

Echter Alant

Inula helenium

Aussehen I Der Alant ist eine mehrjährige, ausdauernde Staude. Die dekorative, stattliche Pflanze wird bis 2 m hoch, hat einen knollig verdickten, aromatisch duftenden Wurzelstock und große, bis zu 50 cm lange ei- bis herzförmige, fein gesägte, unterseits filzig behaarte Blätter. Die großen, auffälligen, gelben, 8 cm breiten Blüten stehen in dichten Köpfen.

Blütezeit I Juli bis September

Standort I Der Alant bevorzugt einen sonnigen bis halbschattigen Platz mit humusreichem, feuchtem Boden.

Gartentipp

An ihm zusagenden Standorten versamt sich der Echte Alant sehr stark und sollte nach der Blüte ggf. zurückgeschnitten werden. Für den Wildblumengarten empfehlen sich auch der Weidenblättrige Alant (I. salicina) und der Wiesen-Alant (I. britannica).

Lavendel

Lavandula angustifolia

Aussehen I Lavendel ist ein 30–50 cm hoher, mehrjähriger, winterharter Halbstrauch mit dicht gedrängten Stängeln, an denen lanzettliche, ganzrandige, graugrüne Blätter sitzen, die aromatisch duften. Die kleinen dunkel- bis violettblauen Blüten bilden vielblütige Wirbel und vereinigen sich zu einem bis zu 8 cm langen, ährenartigen Blütenstand. Ältere Triebe verholzen am Grund.

Blütezeit I Juni bis September

Standort I Der Lavendel bevorzugt einen sonnigen Standort mit gut durchlässigem, kalkhaltigem Boden.

Gartentipp

Lavendel ist eine der beliebtesten Pflanzen für den Kräutergarten und wird gerne als Rand- oder Rabattenpflanze oder auf trockene Mauern gesetzt. Im ersten Jahr muss man den Blütenansatz abschneiden, damit die Pflanze buschiger wächst. In sehr kalten Wintern setzt man sie am besten in einen Topf.

Wiesen-Margerite

Leucanthemum vulgare

Aussehen | Die Wiesen-Margerite ist eine bis 1 m hohe, mehrjährige, spärlich behaarte oder kahle Pflanze mit einem aufrechten, einfachen oder verzweigten Stängel. Die Grundblätter sind spatelig, langgestielt, am Rand gekerbt bis fiederteilig. Die körbchenförmigen, bis 6 cm breiten Blüten stehen einzeln endständig auf dem Stängel. Die Scheibenblüten sind gelb, die Zungenblüten weiß.

Blütezeit | Mai bis Oktober

Standort | Margeriten brauchen einen, hellen, sonnigen, windgeschützten Platz und stellen keine besonderen Ansprüche an den Boden.

Gartentipp

Die pflegeleichten Margeriten sind seit alters her beliebte Gartenpflanzen. L. vulgare besticht durch ihren Wildblumencharakter – einzeln oder in Gruppen auf Blumenwiesen, Beeten und Rabatten gepflanzt. Sie passt zu vielen anderen Stauden wie auch sommerblühenden Zwiebelpflanzen.

Lilie

Lilium

Aussehen I Lilien sind ausdauernde, aufrecht wachsende, bis 120 cm hohe, teils stark duftende Zwiebelpflanzen mit auffälligen, farbenprächtigen Blüten. Am meist grünen, manchmal rötlich überhauchten Stängel stehen die ungestielten Blätter wechselständig, gleichmäßig oder zur Stängelbasis hin gehäuft verteilt. Der endständige Blütenstand ist entweder eine Einzelblüte oder eine Traube. An den bis zu 30 cm langen Blütenstielen sitzen hängende, nickende, aufsteigende oder aufrechte Blüten.

Blütezeit I Je nach Art Mai bis Juli

Standort I Lilien bevorzugen einen geschützten, sonnigen Platz (ohne pralle Mittagssonne) mit einem lockeren, wasserdurchlässigen Boden.

Gartentipp

Lilien entfalten ihre Schönheit nicht nur im Garten, sondern verzieren auch im Kübel Balkon und Terrasse. In Gruppen gepflanzt verwandeln sie das Beet in ein Farbenmeer.

Garten-Geißblatt

Lonicera caprifolium

Aussehen | Das Garten-Geißblatt ist ein anspruchsloser, schnell wachsender, sommergrüner, rechtswindender, bis 5 m hoher Schlingstrauch. Die Blätter sind kreuzgegenständig, kurzgestielt oder sitzend, elliptisch bis breit oval, bis 5 cm breit. Die röhrigen, intensiv duftenden Blüten sind außen weiß bis hellgelb und oft rosa überlaufen, innen rahmweiß.

Blütezeit | Mai bis Juli

Standort | Das Garten-Geißblatt gedeiht an einem hellen Platz im Halbschatten mit frischem, gut durchlässigem, humosem, nährstoffreichem, kalkarmem Boden.

Gartentipp

L. caprifolium ist eine Schling-pflanze, die sich nicht so ohne Weiteres an Häuserwänden empor-ranken kann. Wer von der Blü-tenpracht der Pflanze profitieren und seine Umgebung verschönern möchte, der sollte unbedingt an geeignete Rankhilfen wie Pfosten, Seile oder Drähte zur Unterstützung des Wuchses denken.

Blutweiderich

Lythrum salicaria

Aussehen | Der Blutweiderich ist eine ausdauernde, krautige, bis 2 m hohe Pflanze. Aus dem Rhizom können bis zu 50 aufrechte, teils ästige, behaarte Stängel heranwachsen. Die Blätter sind schmal-lanzettlich bis oval. Sie wachsen sitzend in dreizähligen Quirlen oder gegenständig, weiter oben wechselstän-dig. Jeder ähren- oder traubenförmige Blütenstand kann aus hundert und mehr purpurroten Blüten bestehen.

Blütezeit | Juni bis Oktober

Standort | Der Blutweiderich fühlt sich an einem sonnigen bis halbschattigen, feuchten Platz wohl, ideal im Uferbe-reich eines Teichs.

Gartentipp

Die überaus dekorative, allerdings wenig bekannte Pflanze ist absolut pflegeleicht und eignet sich insbe-sondere für den Gartenteich, da er eine wasserreine Wirkung besitzt. Für die Pflanzung empfehlen sich Teicherde und die Verwendung von Körben.

Kulturapfel

Malus domestica

Aussehen I Der Kulturapfel ist ein sommergrüner, bis 10 m hoher Baum oder Strauch, der im Freistand eine ausladende Baumkrone ausbildet. Die wechselständig angeordneten, hellgrünen, ovalen Laubblätter erscheinen nach der Blüte zwischen Mai und Juni. Die weißen oder leicht rosa Blüten stehen einzeln oder in doldigen Schirmrispen. Sie haben einen Durchmesser von 2–5 cm, sind meist flach becherförmig und duften häufig.

Blütezeit I April/Mai

Standort I Ein heller, sonniger bis halbschattiger Standort mit feuchtem, wasserdurchlässigem und humusreichem Boden ist für den Kulturapfel optimal.

Gartentipp

Sehr gut eignet sich die Pflanzung von Kultur-Apfelbäumen als Spalier vor Hauswänden, aber auch als Spindel in kleinen Gärten oder auf einer Streuobstwiese in Nachbarschaft zu Birnen, Kirschen, Aprikosen. Die Pflanzung empfiehlt sich im zeitigen Frühjahr.

Zitronen-Melisse
Melissa officinalis

Aussehen | Die Zitronen-Melisse ist eine, ausdauernde, winterharte, 30–70 cm hohe Pflanze. Aus dem weit verzweigten Wurzelstock steigen vierkantige, behaarte, verästelte Stängel hoch. Die Blätter sind eiförmig, leicht gekräuselt, am Rand grob gesägt und netzartig geädert. In den Blattachseln sitzen zarte, weiße bis bläuliche Blüten. Bei Berührung verströmt die gesamte Pflanze einen intensiven Zitronenduft.

Blütezeit | Juni bis August

Standort | Die Zitronen-Melisse fühlt sich an einem sonnigen, windgeschützten Platz mit durchlässigem, humosem Boden am wohlsten.

Gartentipp

Die Anzucht aus Samen ist umständlich, besser man kauft Jungpflanzen, aus denen sich später durch Teilung des Wurzelstocks der Bestand ergänzen lässt. Die Pflanze verbreitet sich stark, wenn sie zu sehr wuchert, werden einfach einige Gewächse mit den Wurzeln entfernt.

Katzenminze

Nepeta

Aussehen | Die Katzenminze ist eine bis 100 cm hohe, horstig wachsende, buschige Staude mit verzweigten, vierkantigen, hohlen Stängeln. Ihre eiförmigen, runzeligen, silbergrauen und aromatisch duftenden Blätter sind gegenständig, lanzettlich und 3 cm lang. Die kleinen, hellvioletten bis lilablauen Blüten stehen an dünnen Stielen in Quirlen übereinander

Blütezeit | Juni bis September

Standort | Katzenminzen fühlen sich an einem vollsonnigen Platz mit einem lockeren, trockenen, durchlässigen Boden am wohlsten.

Gartentipp

Die „Staude des Jahres 2010" gehört in jeden Garten, zumal sie anspruchslos und pflegeleicht ist. Die Katzenminze besticht vor allem durch ihre lange und üppige Blüte. Für Rosen ist sie eine ideale Begleitpflanze, „zu Füßen" gepflanzt schützt sie diese vor Krankheiten. Gute Partner sind auch Taglilien und Frauenmantel.

Echter Majoran

Origanum majorana

Aussehen I Die ausdauernde, nicht frostharte Staude wächst bis zu 30 cm hoch und wird oft nur wie eine einjährige Pflanze kultiviert. Die hellgrünen, runden, gegenständigen Laubblätter duften aromatisch. Die kleinen, weißen, lila oder rosa Blüten sitzen in kompakten, fast kugeligen Blütenständen.

Blütezeit I Juli bis September

Standort I Majoran gedeiht besonders gut an einem geschützten, sonnigen bis halbschattigen Platz mit einem humusreichen, lockeren Sand- oder Lehmboden.

Gartentipp

Die alte Würz- und Heilpflanze passt wunderbar in den Kräutergarten. Sie wird aus Samen gezogen (im Frühbeet vorkeimen, nach Frostende pikieren) und in Reihen im Abstand von 20 cm ausgepflanzt. Majoran lässt sich aber auch sehr gut für Balkon und Terrasse in Kübeln kultivieren.

Oregano
Origanum vulgare

Aussehen | Die winterharte, mehrjährige Pflanze wächst bis zu 45 cm hoch. Die dunkelgrünen, leicht behaarten Blätter riechen aromatisch und bilden im Winter einen regelrechten Rasen. Die aufrechten, gegenständig stehenden, ovalen Stängel sind oft rötlich gefärbt und verdorren in der Sonne. Die kleinen, röhrenförmigen, rosa Blüten stehen in rispenartig verzweigten Büscheln.

Blütezeit | Juli bis September

Standort | Oregano braucht einen warmen, vollsonnigen, windgeschützten Platz mit trockenem, kalkhaltigem, durchlässigem Boden. Sollte im Winter nicht nass stehen.

Gartentipp

Die Pflanze eignet sich sehr gut für Steingärten sowie für die Einfassung von Beeten und Wegen, gedeiht aber auch gut im Topf. In rauen Gegenden empfiehlt sich im Winter eine Abdeckung mit Reisig.

Echte Pfingstrose

Paeonia officinalis

Aussehen I Die Echte Pfingstrose ist eine ausdauernde, ausladende, dicht belaubte, bis 100 cm hoher Staude. An den biegsamen Stängeln sitzen große, doppelt-dreizählig gefingerte, oberseits glänzend dunkelgrüne, unterseits mattgrüne Blätter. Die sehr großen, karminroten, rosafarbenen oder weißen Einzelblüten stehen endständig.

Blütezeit I Mai/Juni

Standort I *P. officinalis* gedeiht am besten an einem sonnigen, aber auch halbschattigen Platz mit tiefgründigem, nährstoffreichem und lockerem Boden. Gleichmäßige Feuchtigkeit im Wurzelbereich ist wichtig.

Gartentipp

Die Pfingstrose reagiert empfindlich auf Störungen und Verpflanzung. Lässt man sie dagegen in Ruhe, werden ihre Blüten von Jahr zu Jahr schöner und größer. Die Pflanze kann mehrere Jahrzehnte an ihrem Platz bleiben. Deshalb sollte man den Standort sorgfältig auswählen.

Türkenmohn

Papaver orientale

Aussehen I Der Türkenmohn ist eine mehrjährige, bis 100 cm hohe Pflanze mit einem aufrechten, kräftigen, meist unverzweigten, im oberen Drittel nicht beblätterten Stängel. Die grau-grünen, fiederartigen Blätter sind tief eingeschnitten und borstig behaart. Die großen Schalenblüten sind entweder leicht oder stark geknittert, die Blattränder ganzrandig oder stark ausgefranst. Die Farben variieren von rosa, orange-rot bis leuchtend rot.

Blütezeit I Mai/Juni

Standort I Der Türkenmohn gedeiht an einem warmen, sonnigen Platz mit einem tiefgründigen, durchlässigen, frischen Boden.

Gartentipp

Da das Laub des Türkenmohns nach der Blüte einzieht und er im Sommer Lücken im Beet hinterlässt, sollte man ihn nicht in den Vordergrund oder an den Rand eines Beets, sondern in kleinen Gruppen in die Mitte setzen, wo er von niedrigen oder kissenbildenden Stauden umringt werden kann.

Bienenfreund

Phacelia tanacetifolia

Aussehen | Die aufrecht wachsende, krautige Pflanze ist einjährig, wird bis zu 80 cm hoch und hat ein tief in den Boden eindringendes Wurzelsystem. Die gefiederten, anfangs eingerollten Blätter können bei Berührung zu Hautausschlägen führen. Die hellblauen bis blauvioletten Blütenstände stehen büschelartig, die Staubblätter ragen weit aus der Krone heraus.

Blütezeit | Juni bis September

Standort | Der Bienenfreund gedeiht an sonnigen Plätzen mit trockenem, aber auch feuchtem, durchlässigem Boden.

Gartentipp

Die anspruchslose, robuste Pflanze sollte möglichst breitwürfig ausgesät werden, da sie am schönsten in größeren Gruppen wirkt. Die Pflanze wird als Gründüngung zur Bodenverbesserung geschätzt. Der Bienenfreund ist nicht winterhart. Er erfriert bei den ersten Herbstfrösten, ab -5 °C, und bleibt dann bis zum Frühjahr auf den Beeten als Mulch liegen.

Hoher Sommer-Phlox

Phlox paniculata

Aussehen | *P. paniculata* wird bis 120 cm hoch und gehört mit seiner Farbenvielfalt zu den beliebtesten Stauden im Garten. Er wurde in zahlreichen Farbvariationen von Weiß über Rosa, Rot bis Blau gezüchtet. Die flach ausgebreiteten Einzelblüten sind in dichten, kuppelförmigen Blütenständen zusammengefasst, die abends einen angenehmen Duft verströmen.

Blütezeit | Juli bis September

Standort | Phlox bevorzugt einen sonnigen bis halbschattigen Platz mit lockerem, durchlässigem Boden und Frühjahrsfeuchtigkeit, Staunässe verträgt er nicht.

Gartentipp

In Trockenperioden sollte durchdringend gewässert werden. Die Blütezeit einzelner Sorten lässt sich verlängern, wird im Juni ein Teil der Triebe um ein Drittel eingekürzt. Die Pflanzen werden standfester, wenn man im Frühsommer rundherum mit Erde leicht anhäufelt. Das Ausschneiden verblühter Triebe regt die Bildung neuer Seitentriebe an.

Schlehe

Prunus spinosa

Aussehen I Die Schlehe ist ein sommer-grüner, sparrig verzweigter Wildstrauch mit dornenbesetzten, 1–3 m hohen Ästen und Zweigen. Die Triebe sind kurz und häufig ebenfalls dornenförmig ausgebildet. Die dunkelgrünen, bü-scheligen, elliptischen bis ovalen Blätter sind gezähnt. Die fünfzähligen weißen, 1,5 cm breiten Blüten sitzen einzeln, aber gehäuft auf den Trieben.

Blütezeit I April/Mai

Standort I Die Schlehe bevorzugt einen sonnigen Platz mit einem trockenen, kalkhaltigen Boden.

Gartentipp

Die Schlehe ist ein echtes Natur-schutzgehölz. Die Blüten sind nicht nur für Honigbienen, Wildbienen und Hummeln, sondern auch für verschiedene Schmetterlinge eine wichtige Nahrungsquelle. Vor allem bietet sie Vögeln auch einen idea-len Schutz vor Nesträubern.

Brombeere

Rubus fructicosus

Aussehen | Die Brombeere ist ein sommergrüner bis wintergrüner, vitaler Halbstrauch mit bogig überhängenden, bis zu 2 m langen Ästen. Die Sprossachsen sind mehr oder weniger stachelig und verholzen mit der Zeit. Die wechselständig angeordneten Laubblätter sind in Blattstiel und Blattspreite gegliedert. Erst im zweiten Jahr werden Seitentriebe gebildet, an deren Enden sich traubige oder rispige Blütenstände mit weißen Blüten ausbilden.

Blütezeit | Mai bis August

Standort | Die Brombeere braucht einen sonnigen Platz mit nährstoffreichem, durchlässigem Boden.

Gartentipp

Neben altbewährten gibt es auch neue, dornenlose Sorten. Regelmäßiges Auslichten fördert die Verjüngung, Schnitt nach der Ernte. Im Winter die immergrünen Sorten auch ausreichend mit Wasser versorgen. Frostschutz nicht vernachlässigen.

Himbeere

Rubus idaeus

Aussehen I Die Himbeere ist ein sommergrüner, bis 2 m hoher Halbstrauch, der sich stark durch Wurzelausläufer ausbreitet. Die Ruten sind mit feinen Stacheln besetzt, die Blätter wechselständig an den Sprossachsen angeordnet. Die scheibenförmigen, weißen, aromatisch duftenden Blüten stehen in lockeren, aufrechten Trauben.

Blüte I Mai bis August

Standort I Der ideale Platz für Himbeeren ist ein windgeschützter, halbschattiger bis sonniger Platz mit lockerem, humusreichem Boden.

Gartentipp

Herbst-Himbeeren sind spezielle Himbeersorten, die besonders pflegeleicht und madenfrei sind. Sie tragen nicht nur am einjährigen Holz Früchte, sondern auch an den neuen Ruten. Die relativ späte Fruchtreife hat den Vorteil, dass die Blüten am neuen Holz im Gegensatz zu den klassischen Himbeeren nicht vom Himbeerkäfer befallen werden.

Sonnenhut

Rudbeckia

Aussehen I Zur Gattung *Rudbeckia* gehören einige 80–120 cm hohe Stauden mit flachen, 6–8 cm breiten, goldgelben, strahligen Blüten. Große, dunkelgrüne Laubblätter liefern den buschigen Unterwuchs und damit einen schönen Kontrast zu den leuchtenden Blütenköpfen.

Blütezeit I Juli bis Oktober

Standort I Der Sonnenhut braucht einen sonnigen Platz mit nährstoffreichem, frischem, in der Blütezeit ausreichend feuchtem Boden.

Gartentipp

Rudbeckien eignen sich gut für Rabatten, wirken aber auch in Einzelstellung attraktiv. Bei den hohen Formen empfehlen sich Stützstäbe oder Staudenringe. Nach der Blüte alle Triebe bodennah zurückschneiden. Lässt man sie stehen, schmücken die Fruchtstände den herbstlichen und winterlichen Garten.

Salbei

Salvia officinalis

Aussehen I Der 30–60 cm hohe, aromatisch duftende, ausdauernde Halbstrauch hat vierkantige, graufilzig behaarte, vielfach verzweigte Stängel, die elliptische, gegenständige, grünlich-graue, unterseits feinrunzlige Blätter tragen. An den Enden der Triebe sitzen blauviolette, lockere Blüten, die zu einem ährenartigen Blütenstand zusammengefasst sind.

Blütezeit I Mai bis August

Standort I Der Salbei braucht einen sonnigen, warmen Platz mit einem mäßig trockenen, durchlässigen, kalkhaltigen Boden.

Gartentipp

Die Aussaat ist im Frühjahr möglich, einfacher erfolgt die Vermehrung jedoch durch Kopfstecklinge, die vom Frühjahr bis zum Herbst geschnitten werden. Damit das Kraut buschig wächst, sollte der Strauch im Frühling und Spätsommer nach der Blüte gestutzt werden. Ausgewachsene Pflanzen kann man im Frühjahr (niemals im Winter) kräftig zurückschneiden.

Scharfer Mauerpfeffer

Sedum acre

Aussehen | Der Scharfe Mauerpfeffer ist eine ausdauernde, krautige, polsterbildende, 5–15 cm hohe Pflanze. Die eiförmigen, dickfleischigen, 4 mm langen Blätter schmecken pfefferartig scharf.

Die Blüten sind fünfzählig mit sternförmig angeordneten, leuchtend gelben Blütenblättern.

Blütezeit | Juni bis August

Standort | Der Scharfe Mauerpfeffer fühlt sich an einem vollsonnigen Platz mit frischem, durchlässigem Boden am wohlsten.

Gartentipp

Damit der Mauerpfeffer gut zur Geltung kommt und von höheren Pflanzen nicht überwuchert wird, braucht er ein Einzelplätzchen. Er eignet sich für Steingärten, zur Randbepflanzung von Wegen und Einfassung von Beeten, wächst aber auch im Topf oder auf porösen Steinen. Häufig wird die Pflanze bei der Dachbegrünung eingesetzt.

71

Löwenzahn

Taraxum officinale

Aussehen | Der Löwenzahn ist eine ausdauernde, krautige, bis 30 cm hohe Pflanze, die in allen Teilen einen weißen Milchsaft enthält. Auf der kurzen Sprossachse stehen unregelmäßig gezähnte Blätter in einer grundständigen Rosette. Oben am hohlen, rötlichen Stängel entwickelt sich ein Blütenstand mit vielen winzigen, gelben Zungenblüten, die zusammen als eine einzige gewölbt tellerförmige Blüte erscheinen.

Blütezeit | April bis Juli

Standort | Am besten wächst der Löwenzahn an Plätzen mit nährstoffreichem, gut durchlüftetem, humosem, Boden.

Gartentipp

Die Aussaat von Löwenzahn auf dem Balkon ist grundsätzlich möglich. Es sollten allerdings tiefe Pflanzgefäße gewählt werden, da die Pflanze ausgedehnte Pfahlwurzeln entwickelt. In der Regel genügt als Substrat normale Blumenerde, die man mit Kompost vermischen kann.

Echter Thymian

Thymus vulgaris

Aussehen | Es gibt viele unterschiedliche Thymianarten und -sorten, die sich in ihrem Aussehen voneinander unterscheiden. *T. vulgaris* ist ein mehrjähriger, immergrüner, winterharter, bis 40 cm hoher, stark verästelter und aromatisch riechender Halbstrauch. An den aufrechten, holzigen, behaarten Ästen sitzen winzige, oberseits grau-grüne, kreuzständig stehende Blättchen. An den Zweigenden erscheinen rosa Blüten in kugeligen Trauben.

Blütezeit | Mai bis September

Standort | Der Echte Thymian gedeiht an einem geschützten, warmen, sonnigen bis halbschattigen Platz mit sandigem, durchlässigem, nicht zu nähstoffreichem Boden.

Gartentipp

Thymian lässt sich aus Samen heranziehen. Entfernt man regelmäßig welke Blätter und schneidet die Pflanze nach der Blüte leicht zurück, dankt sie dies mit dichtem Wachstum. In rauen Gegenden empfiehlt sich ein Winterschutz mit Reisig.

Kapuzinerkresse

Tropaeolum majus

Aussehen I Die Kapuzinerkresse treibt glatte, runde und saftige Stängel, die sich stark verzweigen und in schirmartigen, oberseits bläulich-grünen, wachsartigen, unterseits hellgrünen Blättern enden. Die zart duftenden gelben, orangen oder roten, samtigen Blüten sind trichterartig geformt und haben einen langen Sporn.

Blütezeit I Juni bis Oktober

Standort I Die Kapuzinerkresse gedeiht am besten an einem sonnigen Platz mit leichtem, nicht zu fettem, humosem Boden.

Gartentipp

T. majus treibt bis zu 3 m lange Ranken und eignet sich deshalb besonders zum Verschönern von (Draht-)Zäunen, Lauben und Mauern. Von Zeit zu Zeit muss man die langen Triebe aufbinden, um den ungezügelten Wuchs in die gewünschte Bahn zu lenken, sonst überwuchert die Pflanze einfach alles.

Patagonisches Eisenkraut

Verbena bonariensis

Aussehen I Die hohe, beeindruckende Staude bildet Rosetten aus lanzettlichen, grundständigen Blättern mit gezahnten Rändern und stark verzweigten, steifen bis 150 cm hohen Blütenstängeln, auf denen die kleinen, rosafarbenen Blüten zu schweben scheinen.

Blütezeit I Mitte Juli bis Oktober

Standort I Die Staude gedeiht am üppigsten in voller Sonne auf einem fruchtbaren, durchlässigen, leicht feuchten Boden.

Gartentipp

V. bonariensis wirkt wunderbar auflockernd in gelben Rabatten und eignet sich ideal als Füllpflanze. Es empfiehlt sich Frühjahrspflanzung. Junge Pflanzen benötigen einen Winterschutz und überwintern dann problemlos. Ältere Exemplare sterben nach üppiger Blüte und stärkerem Frost ab. Einige Samenstände lässt man zum Versamen und zur Arterhaltung stehen.

Kandelaber-Ehrenpreis

Veronicastrum virginicum

Aussehen | Der Name spricht für sich: Blauviolette Blütenkerzen an hohen, quirlförmig beblätterten Stielen vereinen sich zu mächtigen Kandelabern und bieten einen eindrucksvollen Blickfang im sommerlichen Garten. *V. virginicum 'Fascination'* (Bild) ist eine hoch wachsende Sorte (150–170 cm) mit teils leicht überhängenden, rotvioletten Blütenständen. Im Herbst bis in den Winter hinein sorgen die auffälligen Samenstände für Struktur.

Blütezeit | Juli bis September

Standort | Der Kandelaber-Ehrenpreis gedeiht an sonnigen bis halbschattigen Plätzen mit nährstoffreichen, frischen Böden.

Gartentipp

Mit seiner stattlichen Höhe eignet sich der Kandelaber-Ehrenpreis gut für die zweite oder dritte Reihe im Beet in Kombination mit hohen Gräsern. In den ersten Jahren entwickelt sich die Staude zwar etwas langsam, dank anfänglicher Pflege jedoch zu einer langlebigen und robusten Pflanze.

Gewöhnlicher Schneeball

Viburnum opulus

Aussehen | Der Gewöhnliche Schneeball ist ein sommergrüner, kompakter, schnellwüchsiger, bis 4 m hoher Strauch. Die oberseits dunkelgrünen, unterseits graugrünen, gestielten Blätter sind drei- bis fünflappig und am Rand gezähnt. Die weißen Blüten stehen in endständigen, bis 10 cm breiten Trugdolden. Die äußeren Blütenblätter sind groß und steril, die inneren klein und fruchtbar.

Blütezeit | Mai/Juni

Standort | Für den Schneeball sind vollsonnige Plätze mit einem feuchten, lehmigen Boden ideal.

Gartentipp

Im Garten ist der Schneeball als Strauch und Hecke beliebt. Denn er punktet nicht nur mit seinen großen, weißen Blüten. Wenn diese verblüht sind, bildet er hübsche, rote Beerenfrüchte aus, die sich bis September schwarz färben und den Strauch bis in den Winter zieren. Der Schneeball wirkt aber auch in Kübeln gepflanzt beeindruckend.

Arten- und Sachregister

Impressum

ISBN 978-3-8094-3590-7

3. Auflage 2019
© 2016 by Bassermann Verlag, einem Unternehmen
der Verlagsgruppe Random House GmbH, Neumarkter Straße 28, 81673 München

Layout: GRAFIK + DESIGN Heide Wülfert, München
Redaktion und Bildredaktion: Verlagsbüro Kopp, München
Umschlaggestaltung: Atelier Versen, Bad Aibling
Projektleitung: Herta Winkler
Herstellung: Claudia Scheike
Reproduktion: Regg Media GmbH, München

Fotos: Foto Strauß: 23, 24, 68; Müller: 8,30; Wothe: 9, 14, 26/27, 37, 45, 50, 61,
66, 71, 73; Wülfert: 6/7; alle übrigen Steinberger

Druck und Bindung: Těšínska tiskárna a.s., Cěsky Těšín

Verlagsgruppe Random House FSC® N001967

Printed in Czech Republic